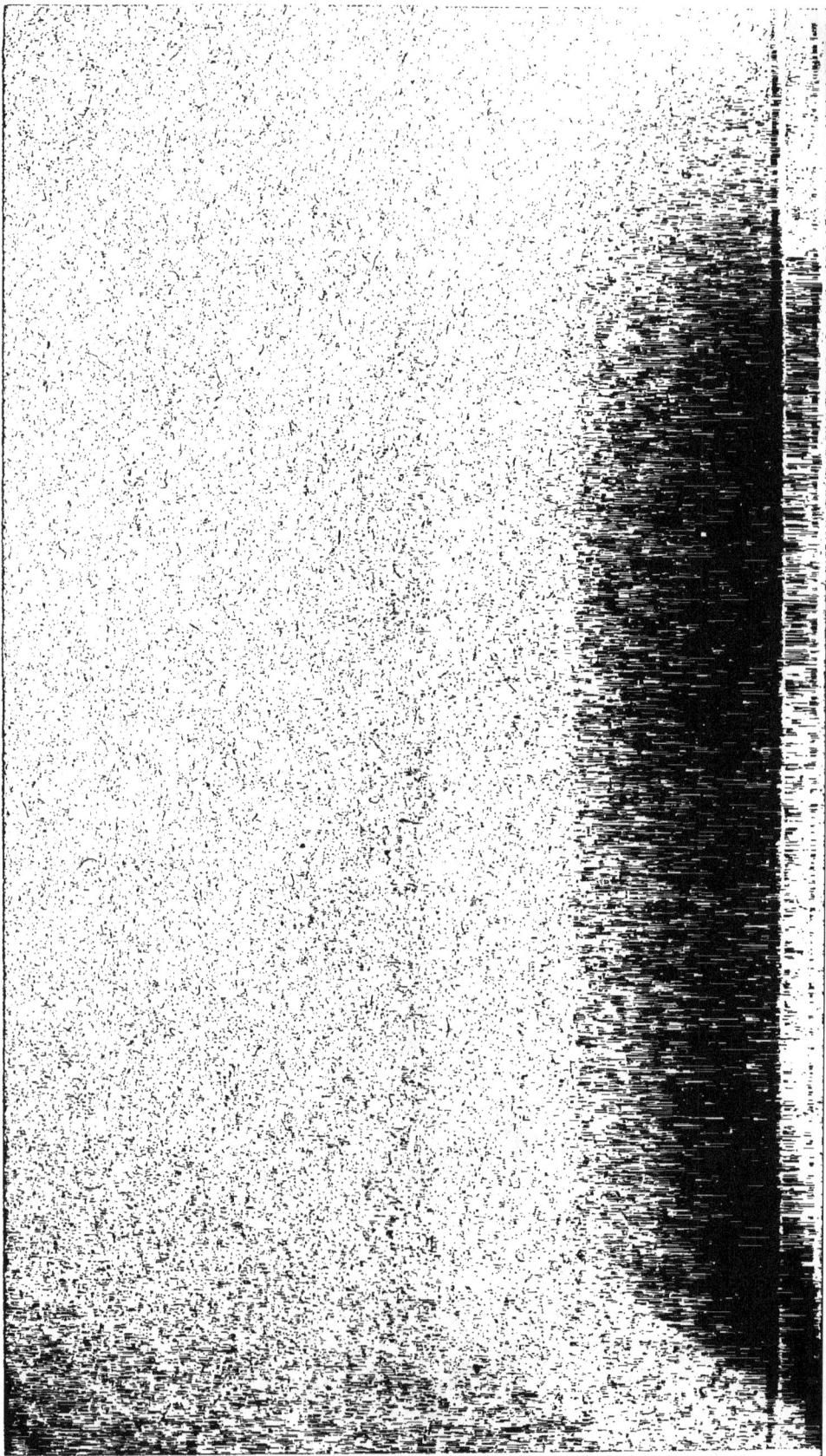

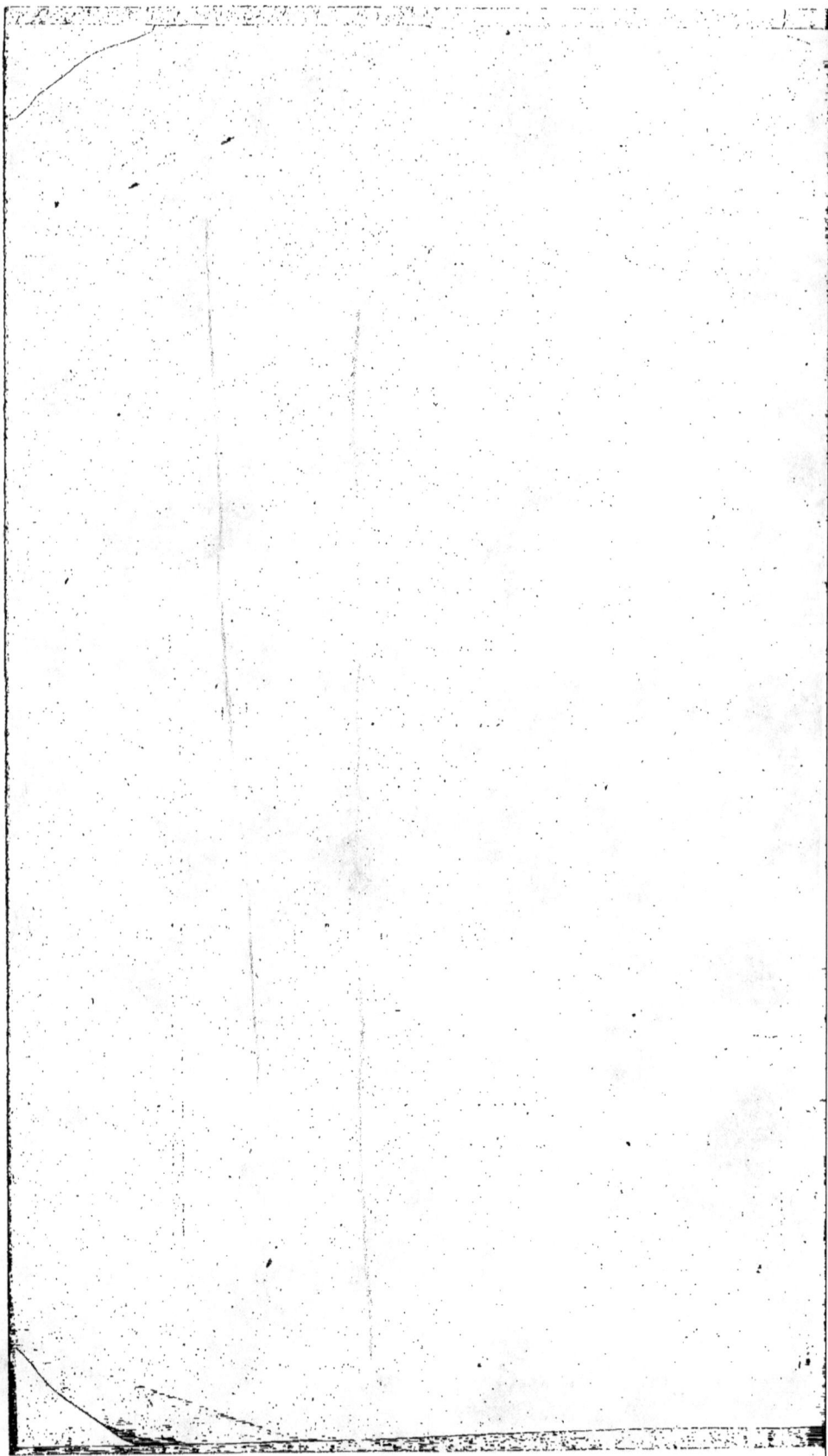

CRITIQUE

DE LA

LOI DE 1806 SUR LES INHUMATIONS

NOTAMMENT EN CE QUI CONCERNE LE

MONOPOLE DES FABRIQUES PAROISSIALES

PAR

LOUIS GOIRAND

Ex-Entrepreneur des Pompes Funèbres de la Ville de Cette

———— ✦ ————

NOMBREUSES PIÉCES A L'APPUI

———— ✦ ————

BÉZIERS

IMPRIMERIE J.-B. PERDRAUT

17, Avenue de la République, 17

—

1884

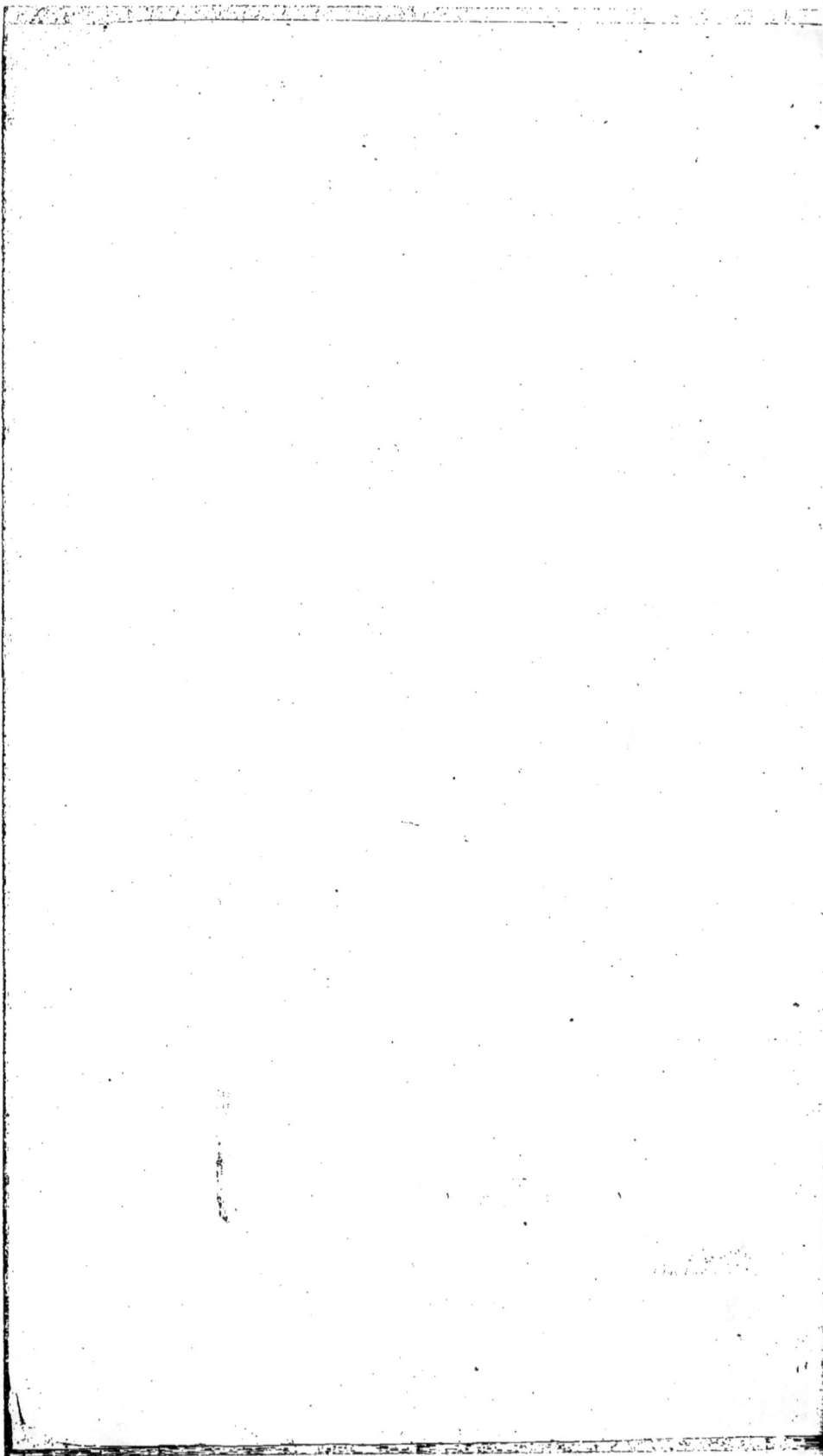

CONSIDÉRATIONS GÉNÉRALES

SUR LA

LOI DE 1806

Avant d'aborder ici l'examen des faits qui me sont personnels et qui m'ont inspiré, dans l'intérêt général, la pensée d'écrire la présente brochure, il me semble bon d'envisager dans son ensemble la loi de 1806 et de rechercher les mobiles qui l'ont inspirée.

Il suffit de considérer l'époque où cette loi fut promulguée pour comprendre qu'elle fut mise entre les mains du clergé comme une arme et comme un dédommagement. Comme une arme, parce que son ingérence exclusive dans le service des funérailles ne pouvait avoir que pour effet de lui ouvrir la porte de tous ceux qui de leur vivant lui avaient échappé, — et en effet il n'y a pas bien longtemps que la liberté de conscience existe d'une manière complète à cet égard, et nul n'a oublié les avanies dont furent abreuvés à l'origine les organisateurs des enterrements civils, auxquels quelquefois, malgré des testaments formels, le clergé vola des cadavres.

Moi-même, je puis le dire, je n'ai été poursuivi d'une haine opiniâtre, par le clergé de Cette, dans l'exercice de mes fonctions, que pour n'avoir voulu servir d'instrument docile à ses fanatiques inspirations.

Je n'insiste pas, puisque ce n'est pas sur ce point que je veux m'appuyer pour combattre le monopole des fabriques, mais j'ai tenu à le constater en passant. Je reprends :

La loi de 1806 était un dédommagement parce que le clergé se plaignant d'avoir été spolié dans la possession de ses biens, on lui rendait en échange un monopole lucratif et sans contrôle sur le produit des funérailles. Je dis sans contrôle malgré les prescriptions de la loi, qui n'a presque jamais été respectée, le clergé, on le sait, étant trop grand seigneur pour se plier en quoi que ce soit aux prescriptions d'une loi — on l'a assez vu en d'autres circonstances.

Non, la loi n'a pas été respectée. Non content du monopole qu'elle créait en sa faveur, le clergé l'a constamment violée dans l'application des tarifs, dont l'établissement était légalement dévolu aux municipalités, agissant sous réserve de l'approbation préfectorale. La plupart du temps lesdits tarifs ont été constitués de toutes pièces, avec des majorations fabuleuses, et cela sans que les autorités compétentes en soient même avisées. L'exemple de Cette, par exemple, où les tarifs appliqués, sans consécration légale, sont dix fois plus élevés qu'à Montpellier pour les classes pauvres, est une preuve frappante des abus que peut engendrer la loi de 1806, abus que je n'ai pas la prétention de connaître tous, mais dont j'ai été suffisamment frappé pour n'avoir pu me résoudre à garder le silence.

J'estime, en effet, qu'il y a urgence à modifier la législation existante, qui est un anachronisme dans une société démocratique, puisqu'elle livre la célébration des funérailles à une confession religieuse, et que ce n'est que par suite d'une tolérance que les fabriques auraient déjà révoquée si elles l'avaient osé, que le matériel des entrepreneurs de pompes funèbres sert aux enterrements civils. Voilà pour la liberté de conscience.

Le côté matériel de la question n'est pas moins intéressant. Il s'agit de savoir si après avoir exploité les vivants par les mille moyens dont il dispose, le clergé continuera sans vergogne à se faire de gros revenus avec le deuil des familles, qui lui sont la plupart du temps hostiles, mais qui n'osent pas briser ouvertement avec lui.

Pour moi, l'expérience est faite, et je crois fermement que les Chambres feront bien en remettant le monopole des inhumations aux communes. Celles-ci s'en acquitteront certainement mieux et d'une manière plus impartiale ; quant aux revenus qui en résulteront, au lieu de servir au maintien du fanatisme et de la superstition, selon l'usage qu'en faisaient les fabriques, il sera utilisé pour les services municipaux d'intérêt général, ce dont personne, sauf les exploiteurs dépossédés, ne songera assurément à se plaindre.

Je serai heureux si la présente brochure peut hâter cette solution.

En tous cas, les documents que l'on va lire, et qui sont tous authentiques, ne peuvent qu'amener chez les gens de bonne foi qui en prendront connaissance, la conviction de la nécessité d'une modification de la loi.

L. GOIRAND.

Cette, le 1er Octobre 1884.

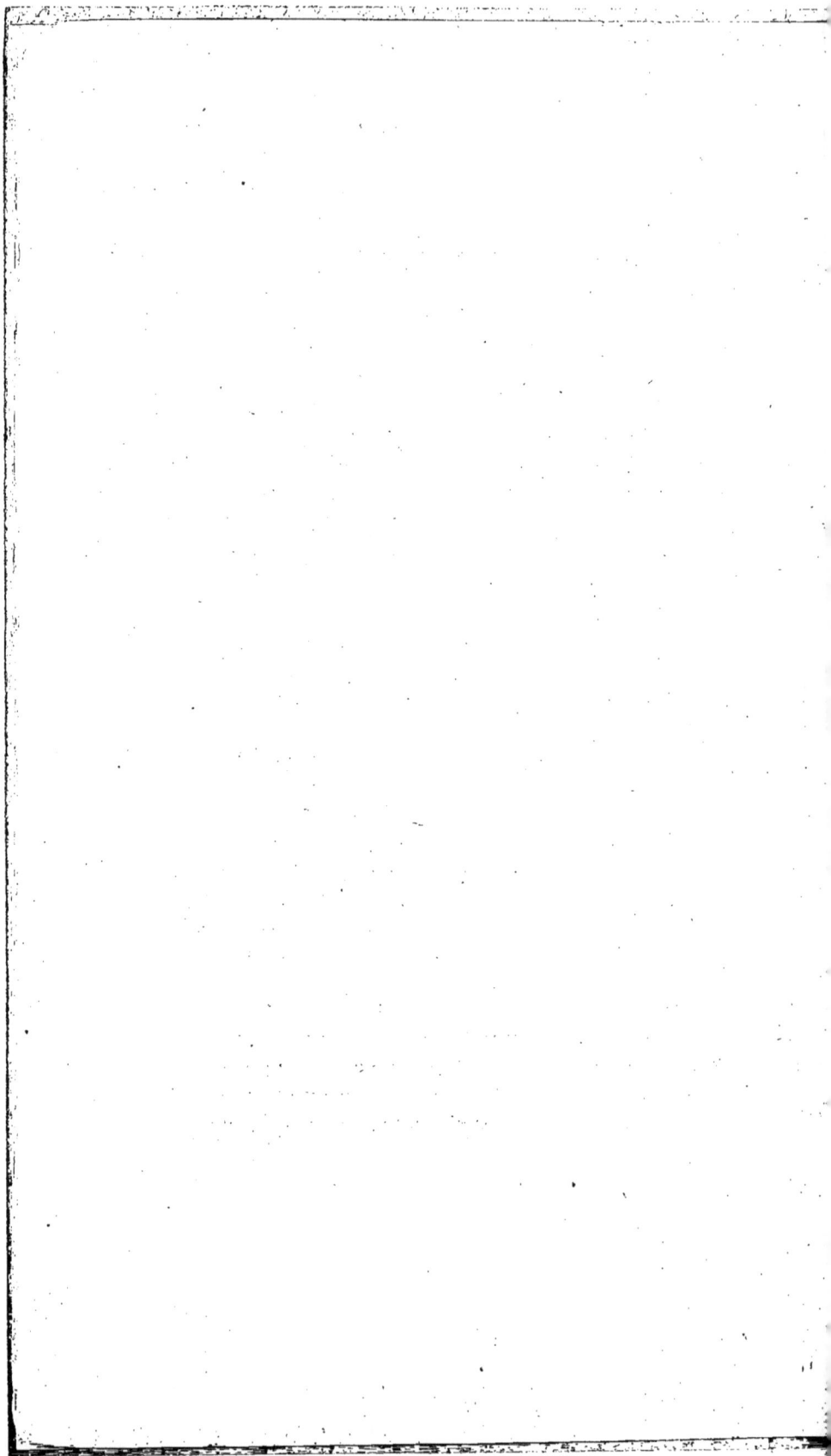

PIÈCES JUSTIFICATIVES

I

Lorsque j'entamais les pourparlers pour devenir concessionnaire de l'entreprise du service des funérailles dans la ville de Cette, j'étais loin de me douter de ce qui m'arriverait, mais je fus bien vite édifié lorsque je vis M. Azaïs, curé de St-Joseph, me faire appeler et me tenir le raisonnement suivant, à la veille de la signature du traité, alors que j'avais pris toutes mes dispositions pour être prêt au moment voulu, c'est-à-dire lorsque j'avais déjà tout mon matériel. Voici le langage qu'il me tint :

« Je dois vous avertir, me dit-il, que si vous
» ne signez pas une contre-déclaration d'après
» laquelle la fourniture des cierges sera libre
» pour ma paroisse, je ne signe pas le traité en
» ce qui me concerne ; or, vous connaissez les
» conséquences du retard que je peux vous cau-
» ser. Elles se résument en ceci, que si vous ne
» pouvez payer aux échéances les effets que
» vous avez souscrits en vue de l'entreprise,
» vous aurez protêt, et nous serons alors en
» plein droit de dire que vous ne nous offrez
» plus des garanties assez sérieuses pour pou-
» voir traiter avec vous, et votre affaire une
» fois perdue, vous n'aurez en partage que la
» faillite. »

Comprenant, après un langage aussi catégorique, qu'il ne me servirait à rien d'hésiter avec des gens aussi pratiques, je signai : je ne pouvais plus faire autrement, m'étant trop avancé.

Je fis cependant remarquer au curé de St-Joseph que la déclaration qu'il exigeait de moi était en contradiction formelle avec les arrêtés municipaux et préfectoraux sur la matière, ainsi d'ailleurs qu'avec les décisions de l'évêque de Montpellier, mais rien n'y fit.

Comme complément à ce que je viens de dire, et pour prouver encore plus le désintéressement et la générosité de certains de ces Messieurs du clergé, je dois ajouter que le même curé de St-Joseph me fit un jour appeler pour se plaindre à moi de ce qu'un grand nombre d'enterrements de 6me classe n'étaient pas payés. Je lui répondis que la raison en était probablement au prix élevé qu'il exigeait (18 francs clergé et cierges), et que s'il se contentait d'une rétribution comme celle portée au tarif approuvé de Montpellier, par exemple (2 fr. 25), le même inconvénient ne se produirait pas, les pauvres qui se servent ordinairement de cette classe n'étant pas obligés de débourser tant d'argent.

A mes objections, le curé en question répondit fort sèchement qu' « il n'était pas un porte-» faix pour faire une course pour 2 fr. 25. » (Les prêtres de Montpellier sont donc des portefaix à côté de ceux de Cette ?)

II

Recettes de la Fabrique St-Joseph en 1880

Pour se débarrasser de moi lors du renouvellement de la concession, le clergé Celtois, que je gênais, n'a pas été à court d'inventions calomnieuses; il a notamment répandu le bruit que je ne tenais pas mes engagements envers lui et que j'étais son débiteur pour des sommes considérables. Pour qui connaît la rapacité de ces gens-là, il y a là une invraisemblance que je n'ai pas besoin de faire ressortir. Si je n'avais pas tenu mes engagements, l'on m'aurait fait déchoir de ma concession et l'on ne m'aurait pas gardé, c'est certain.

Quoiqu'il en soit, d'après un relevé que j'ai fait en 1880, voici qu'elles ont été mes relations avec la paroisse Saint-Joseph, ainsi que l'état des sommes perçues pour son compte et versées dans la caisse du trésorier de la fabrique.

1° Sommes perçues et Profits

MOIS	SOMMES PERÇUES	PROFITS
Janvier..........	700.00	30.00
Février	802.00	36.00
Mars..........	766.00	33.00
Avril..........	509.00	25.00
Mai............	402.00	15.00
Juin............	416.00	16.00
Juillet..........	705.00	21.00
Août..........	878.00	16.00
Septembre.....	658.00	20.00
Octobre	895.00	29.00
Novembre......	791.00	24.00
Décembre......	530.00	24.00
TOTAUX......	8.052.00	289.00

2° Sommes versées entre les mains de M.
Cattalorda, du 3 Janvier au 28 Décembre 1880

Janvier ..	400	Avril....	200	Septembre	500
»	300	Juin	300	Octobre ..	500
»	550	Juillet...	200	Novembre	500
Février ..	500	»	500	Décembre	300
»	700	Août	500		
Avril.....	500	Septembre	300	TOTAL..	7.150

En outre des 8.341 francs cités plus haut que
la fabrique de St-Joseph a perçus pour les
enterrements, du 1er janvier au 31 décembre

1880, elle a encaissé en plus la valeur de 3.500 francs environ pour les fournitures de cierges, dont une grande partie a été revendue à son profit, ce qui formerait ensemble un total approximatif de 12.000 francs pour l'année 1880 dans la paroisse St-Joseph. L'on peut prendre ce chiffre pour base des années moyennes.

D'ailleurs, pour bien prouver à tous que je ne dois rien au clergé Cellois, je crois devoir publier ci-dessous le tableau annuel des sommes reçues et versées par moi :

1880

Reçu........ 8.341 — Versé........ 7.150
Versé en moins........ 1.191

1881

Reçu........ 5.860 — Versé........ 5.950
Versé en plus........ 110

1882

Reçu........ 8.327 — Versé........ 6.200
Versé en moins........ 2.127

1883 (de Janvier à fin Septembre)

Reçu........ 3.990 — Versé........ 5.500
Versé en plus........ 1.510

RECAPITULATION

Je redois pour 1880............... 1.191 $\Big\}$ 3.318
    »   » 1882............... 2.127

J'ai versé en plus, en 1881..... 110 $\Big\}$ 1.610
  » » » 1883 ..... 1.500

Restait à devoir à cette époque, à St-Joseph, 1.708 francs dont je suis à l'heure actuelle entièrement libéré.

Sur laquelle somme il faut déduire le prix d'achat des fournitures pour les cierges à fournir aux enterrements, qui ne m'ont pas été payés depuis le 29 septembre 1883, et dont je tiens les dates, adresses et noms, à la disposition de mes contradicteurs.

Que reste-t-il de la calomnie colportée contre moi pour les besoins d'une mauvaise cause ?

Il faut d'ailleurs que j'ajoute, pour l'éclaircissement de la question, que si tous mes comptes ne sont pas actuellement réglés avec les fabriques, cela tient à ce que je n'ai jamais pu obtenir de celles-ci communication d'un tarif régulier et approuvé qui me servît de titre valable dans mes réclamations auprès des familles.

Les lettres et assignations qui vont suivre sous les numéros 3, 4, 5 et 6 témoigneront de ce que je viens d'avancer.

III

Lettre à M. Coste, trésorier de la Fabrique
Saint-Louis

Cette, le 24 Mars 1882.

Monsieur,

Je vous ai plusiers fois demandé, en présence de l'augmentation du prix des cierges, laquelle m'était préjudiciable, ce que comptait faire votre Fabrique. Vous me répondîtes que l'on venait d'en refaire et qu'ils diminueraient; le conseil de fabrique, lui, me déclara que l'on règlerait cet article plus tard ; que d'ailleurs un engagement avait été passé avec moi, et que c'était *tant pis* si le prix des cierges avait augmenté. Après renseignements pris, M. Goutard avait répondu, en délibération, avec votre appui et celui de M. Bénézech, que les cierges, loin d'avoir augmenté depuis le mois de septembre, avaient au contraire diminué.

En présence de ces fins de non-recevoir et de ces contradictions, je déclare que l'article 25 du règlement, qui exige de ma part, en faveur des fabriques, une remise de 80 % sur les fournitures des cierges pour les enterrements, me cause une perte depuis l'augmentation. Je n'ai donc pas de 80 % à donner, et si j'ai consenti, à mon corps défendant, à accepter ce chiffre exagéré parce que je voyais que l'on ne voulait pas me faire justice, j'ai en même temps

diminué le nombre des cierges proportionnelle-
ment à l'augmentation que l'on m'imposait
arbitrairement.

Je suis surpris de votre manière d'agir. Si la
fabrique estimait que je lui devais des cierges,
elle aurait dû me prévenir à ce sujet, par
l'intermédiaire de son trésorier, M. Coste, et non
pas laisser mettre sur les reçus, sans que je
m'en aperçoive, la mention de cette dette, dont
je déclare dénier l'existence, ou bien, devant
cette prétention, je demande que l'on me rem-
bourse l'augmentation que l'on m'a imposée
ainsi que les cierges fournis aux familles
insolvables, et dont je tiens à votre disposition
les noms, prénoms et adresses.

Je vous prie, en tout cas, de vouloir bien me
faire appeler devant le conseil de fabrique le
jour où il se réunira pour trancher cette
question.

Par la même occasion, veuillez aussi avoir
la bonté de me remettre un règlement que je
puisse présenter aux familles et qui leur indique
ce qu'elles doivent, conformément à la loi de
l'an XII sur les pompes funèbres, ce tarif
m'étant demandé par les familles.

En attendant une réponse ou un appel auprès
de vous, recevez, etc.

Louis GOIRAND.

IV

Deuxième lettre au président de la Fabrique
Saint-Louis

Cette, le 14 Avril 1883.

Monsieur,

Je viens par la présente vous entretenir de ce qui a été dit dans la réunion de votre conseil de fabrique du 12 courant. D'après vous, il serait dû par moi à la fabrique St-Louis une somme de 8.000 francs. Pour atteindre ce chiffre, vous vous appuyez sur les sommes non encaissées et sur les indigents, ajoutant que vous ne voulez pas tenir compte de ces derniers, sauf qu'ils soient munis d'un certificat. Je crois que M. le trésorier est dans l'erreur la plus complète en me demandant ces différents articles, et voici le motif qui me fait croire à la non-valeur de ses réclamations :

1° *Pour les sommes non encaissées.* — Le 5 juillet 1876 mourut Mme X..., veuve X..., et belle-mère de M. X... Le gendre de cette dame, dont je tiens le nom à la disposition de qui de droit, me donna la moitié de la somme due pour l'enterrement, et me dit de faire encaisser le reste chez M. X..., son beau-frère. Après plusieurs démarches et différents renvois pour le paiement, le trésorier de la fabrique me contraignit à assigner. Mais devant le tribunal, lorsque M. le juge me demanda de produire les tarifs réguliers en vertu desquels j'agissais et me débouta parce que ceux que je lui montrais n'étaient pas approuvés, je fus fort étonné. J'en référai au clergé et aux fabriques, qui me déclarèrent qu'ils ne pouvaient me produire d'autres pièces, n'en ayant pas. Je fus par ce fait obligé de ne rien dire aux personnes qui ne me donnaient que des a-comptes, m'estimant bien heureux d'avoir pu encaisser ce qui me revenait. Voilà ce que j'avais à dire pour les a-comptes sur les enterrements non payés complètement.

2° *Pour les indigents.* — Ici, je m'appuie sur l'article 28 du règlement, et quant aux certificats que l'on me demande, je ne puis les produire, ne les ayant pas reçus de la Mairie ; mais si cela faisait une difficulté, je pourrais prouver que, conformément à l'article précité, je n'en ai pas encaissé le montant.

J'arrive aux plaintes de M. Coste, qui déclare que je ne lui ai fourni ni la quantité ni la qualité voulues de cierges. Il faut vraiment que M. Coste ait du courage pour réclamer quelque chose de ce chef, à moi qui ai toujours perdu sur les cierges, et je pense que vous aurez la bonté de régulariser cette situation pour l'avenir.

Quant à la somme que je réclame comme m'étant due par vous, j'appuie ma revendication sur les différences suivantes, que j'ai payées en trop depuis ma gestion. Savoir :

Première classe

Gants pour le suisse, le bedeau et les acolytes	6 fr.	85
Cierges	42	»	00
Somme versée au trésorier	25	«	40
TOTAL	74 fr.	25
Je ne reçois des familles que la somme de	51	»	25
Différence à mon préjudice...	23	»	00

Deuxième Classe

Gants et Crêpes	6 fr.	25
Cierges	24	»	00
Versé au Trésorier	19	»	70
TOTAL	49 fr.	90
Je ne reçois des familles que la somme de	37	»	00
Différence à mon préjudice	12 fr.	00

Troisième Classe

Gants et crêpes	6 fr.	25
Cierges	17	»	70
Versé au Trésorier	14	»	90
TOTAL	38 fr.	85
Je ne reçois des familles que la somme de., ...	27	»	00
Différence à mon préjudice.....	11 fr.	85

Je peux prouver ce que j'avance. Cependant, pour éviter.un procès dont je redoute les frais, je vous propose de liquider amiablement et complètement notre situation mutuelle à ce jour, me réservant la possession entière des factures actuellement en suspens et qui pourront rentrer, dont vous devrez me faire quittance pour solde de tout compte.

Recevez, etc.

Louis GOIRAND.

P.-S. — Je suis fort étonné que, depuis trois ans, M. le Trésorier n'aît pas soulevé la question des indigents, au lieu d'attendre à aujourd'hui pour réclamer les certificats.

V

Lettre à M. le Trésorier de la paroisse Saint-Louis

Cette, le 14 Mai 1883.

Monsieur,

Je vous ai déjà écrit à plusieurs reprises pour vous demander un règlement définitif des comptes relatifs aux frais d'enterrement, mais malgré mes lettres des 24 Novembre et 15 Décembre 1882 ; 3 février, 16 février, 8 mars et 14 avril 1883, et ma lettre adressée à l'évêché le 9 Mars 1883, vous ne m'avez encore donné aucune réponse.

Vous avez même déclaré, en présence de MM. Bénézech, Coste, Goudard et Gérermel, que vous ne vouliez pas revenir sur les erreurs qui avaient pu se commettre, et que vous refusiez de me rendre l'argent que j'avais versé en trop dans vos mains. Dernièrement, dans une réunion où étaient présents MM. Dupuy, Coste et Goudard, j'ai accepté une proposition qui m'a été faite par vos collègues, et aujourd'hui j'apprends que vous avez voulu revenir sur cette délibération prise et acceptée par moi chez vous ? Je finis par croire que c'est perdre son temps que de chercher à s'entendre avec vous, et je viens pour la dernière fois vous demander si vous acceptez les propositions de M. Dupuy, auxquelles je me suis rallié. Dans le cas contraire, je dois vous déclarer que j'en appellerai aux tribunaux compétents.

Recevez, etc.

Louis GOIRAND.

VI

Copie des sommations envoyées aux Fabriques pour avoir communication du Tarif régulier

L'an mil huit cent quatre-vingt-trois et le dix-neuf mai,

Je, Béranger CASTEL, huissier près le Tribunal civil de Montpellier, domicilié à Cette, soussigné,

A la requête du sieur GOIRAND, directeur des pompes funèbres, domicilié à Cette ;

Ai dit et déclaré au sieur COMOLET, en sa qualité de président du conseil de Fabrique de la paroisse St-Joseph, domicilié à Cette,

Que le requérant, après maintes demandes

restées infructueuses, depuis l'année mil huit cent soixante-quinze, après être resté cinq mois sans faire de versement, dans le but d'en arriver à une liquidation ; voyant que le résultat est toujours le même, que faute d'un tarif régulier il se voit léser, soit pour les encaissements, soit pour les fournitures, lui fais par le présent sommation de lui fournir un tarif régulier, conformément à l'article 20, titre X du décret sur les sépultures du 23 prairial an XII, tarif qui devrait être dans ses mains depuis le commencement de sa gestion ;

Lui déclarant en outre qu'à défaut il fait en sa faveur toutes protestations et réserves utiles, sous toutes réserves. Dont acte. Remis copie du présent audit sieur COMOLET, ès-qualités, dans son domicile, parlant à sa personne. Coût sept francs trente-cinq centimes. Timbre sur demi-feuille de soixante centimes. — Béranger CASTEL.

Enregistré, etc.

L'an mil huit cent quatre-vingt-trois et le dix neuf mai,

Je, Béranger CASTEL, huissier près le Tribunal civil de Montpellier, domicilié à Cette, soussigné,

A la requête du sieur GOIRAND, directeur des pompes funèbres, domicilié à Cette ;

Ai dit et déclaré au sieur BÉNÉZECH, en sa qualité de président du conseil de Fabrique de la paroisse St-Louis, domicilié à Cette ;

Que le requérant, après maintes demandes restées infructueuses, depuis l'année mil huit cent soixante-quinze, après être resté cinq mois sans faire de versement, dans le but d'en arriver à une liquidation ; voyant que le résultat est toujours le même, que faute d'un tarif régulier il se voit léser, soit pour les encaissements, soit pour les fournitures, lui fais par le présent sommation de lui fournir un tarif régulier, conformément à l'article 20, titre X du décret sur les sépultures du 23 prairial an XII, tarif qui devrait être dans ses mains depuis le commencement de sa gestion ;

Lui déclarant en outre qu'à défaut il fait en sa faveur toutes protestations et réserves utiles, sous toutes réserves. Dont acte. Remis copie du présent audit sieur BÉNEZECH, ès-qualités, dans son domicile, parlant à sa personne. Coût sept francs trente-cinq centimes. Timbre sur demi-feuille de soixante centimes. — Béranger CASTEL.

Enregistré, etc.

L'an mil huit cent quatre-vingt-trois, et le dix-neuf mai,

Je, Béranger CASTEL, huissier près le Tribunal civil de Montpellier, domicilié à Cette, soussigné,

A la requête du sieur GOIRAND, directeur des pompes funèbres, domicilié à Cette, soussigné,

Ai dit et déclaré au sieur CANÈBE, en sa qualité de président du conseil de Fabrique de la paroisse St-Pierre, domicilié à Cette ;

Que le requérant, après maintes demandes restées infructueuses depuis l'année mil huit cent soixante-quinze, après être resté cinq mois sans faire de versement, dans le but d'en arriver à une liquidation ; voyant que le résultat est toujours le même, que faute d'un tarif régulier il se voit léser, soit pour les encaissements, soit pour les fournitures, lui fait par le présent sommation de lui fournir un tarif régulier, conformément à l'article 20, titre X du décret sur les sépultures du 23 prairial an XII, tarif qui devrait être dans ses mains depuis le commencement de sa gestion ;

Lui déclarant en outre qu'à défaut il fait en sa faveur toutes protestations et réserves utiles, sous toutes réserves. Dont acte. Remis copie du présent audit sieur Canèbe, ès-qualités, dans son domicile, parlant à sa personne. Coût sept francs trente-cinq centimes. Timbre sur demi-feuille de soixante centimes. — Béranger Castel.

VII

Avant d'aborder le document qui va suivre, je dois donner quelques explications. Comme on l'a vu plus haut, les Fabriques se plaignaient de ce que je ne les payais pas intégralement, et moi, de mon côté, je constatais que je donnais encore plus que je ne recevais. Pour mettre fin à cette situation, le mieux aurait encore été que le clergé diminuât ses prétentions, afin de les rendre acceptables. Il n'en eut pas même l'idée, puisqu'au contraire M. Bénézech, président de la Fabrique St-Louis, et Bardy, trésorier de la Fabrique St-Pierre, m'écrivirent la lettre suivante, à la date du 16 juin 1883 :

« Monsieur GOIRAND,

» Ainsi qu'il en a été verbalement convenu entre nous, et pour éviter les contestations qui ont eu lieu lors de nos précédents règlements, comme aussi pour rester dans les termes du traité officiel, nous venons établir le montant des fournitures des pompes funèbres, qui a été arrêté définitivement comme suit à partir du 15 juin courant, savoir :

ADULTES

1re *classe:* Fournitures, cierges, gants et crêpes................	70 fr.	00
Bénéfice de 80 0/0 pour la Fabrique................	21 »	40
2me *classe:* Fournitures, cierges, gants et crêpes................	52 »	00
Bénéfice de 80 0/0 pour la Fabrique................	15 »	70
3me *classe:* Fournitures, cierges, gants et crêpes................	38 »	00
Bénéfice de 80 0/0 pour la Fabrique................	11 »	70
4me *classe:* Fournitures, cierges, gants et crêpes................	13 »	00
Bénéfice de 80 0/0 pour la Fabrique................	2 »	40

ENFANTS

1re classe: Fournitures, cierges, gants
        et crêpes................ 54 fr. 00
        Bénéfice de 80 0/0 pour la
        Fabrique................ 13 » 70

2me classe: Fournitures, cierges, gants
        et crêpes................ 46 » 00
        Bénéfice de 80 0/0 pour la
        Fabrique................ 11 » 30

3me classe: Fournitures, cierges, gants
        et crêpes................ 13 » 00
        Bénéfice de 80 0/0 pour la
        Fabrique................ 3 » 20

» Veuillez, Monsieur, pour la bonne règle, répondre à notre lettre et recevoir nos sincères salutations ».

(Suivent les signatures).

Comme on le voit, cette lettre avait pour but de m'obliger à augmenter dans une certaine mesure les tarifs existants, ce que je n'ai jamais voulu faire, l'expérience m'ayant appris que les Fabriques n'avaient aucun droit d'établir ou de modifier elles-mêmes des tarifs sans que l'autorité civile intervienne.

J'ai des raisons de croire que ce refus de ma part a été pour beaucoup dans les mauvaises relations que j'ai entretenues depuis avec les Fabriques et avec le clergé des paroisses de Cette.

VIII

De guerre lasse, et voyant que je ne pouvais sortir aucune réponse sérieuse des représentants des Fabriques, qui d'ailleurs poursuivaient mon remplacement auprès de la municipalité, non sans me dénigrer et mettre tous les torts de mon côté, je me décidai à écrire à Monsieur le Maire et à Messieurs les Conseillers municipaux pour leur exposer les faits.

Voici le texte de ma lettre :

IX

Lettre à Monsieur le Maire et à Messieurs les Conseillers municipaux de la ville de Cette

MESSIEURS,

Il m'a été dit par plusieurs personnes que le clergé et les Fabriques de la ville de Cette invoquaient contre moi, pour m'éliminer, au renouvellement de la concession, que je ne les payais pas et que j'étais leur débiteur pour une somme considérable.

Je vous dirai en deux mots, Messieurs, que le différend qui nous divise ne vient pas de là. D'après l'article 28 de mon cahier des charges, j'étais obligé d'encaisser auprès des familles ce

qui revenait au clergé pour les frais des funérailles. Pendant les premiers mois, je fis mon
possible pour m'acquitter convenablement de
ma tâche, mais bientôt, par suite de non-paie-
ments, je dus en référer au juge de paix, qui
avant de se prononcer sur le litige que je lui
soumettais, me demanda de produire mes tarifs
réguliers et approuvés, conformément à la loi du
23 prairial an XII, article 22. Les Fabriques, au
nom desquelles j'agissais, pouvant seules me
fournir ces documents, je m'adressais immédia-
tement à elles, mais elles ne me répondirent
même pas. Je retournai alors au juge de paix
qui me débouta de mes demandes, en se basant
sur ce que je n'agissais en vertu d'aucun tarif
régulier.

Pour éviter à l'avenir de pareils inconvénients,
je fis signifier aux Fabriques, par un huissier de
la ville, d'avoir à me fournir ces pièces régu-
lières qui me manquaient et me désarmaient
vis-à-vis des familles ; il me fut répondu qu'il
était impossible de me satisfaire, les Fabriques
n'ayant jamais possédé de semblables documents. Comment vouliez-vous que je m'y prenne ?

Ci-dessous un aperçu des tarifs que l'on ne
m'a pas fourni les moyens de faire payer :

ADULTES

1re classe :	Clergé, fabrique et cierges	(7 prêtres)	351 fr. 00
2me classe :	» » »	(5 prêtres)	187 » 00
3me classe :	» » »	(3 prêtres)	107 » 00
4me classe :	» » »	(3 prêtres)	50 » 50

5me classe: Clergé, fabrique et cierges (2 prêtres) 35 fr, 50
6me classe: » » » (1 prêtre) 18 » 00

TARIFS DE MONTPELLIER
Approuvés , autorisés et réguliers

1re classe: Clergé, fabrique et cierges (9 prêtres) 45 fr. 00
2me classe: » » » (7 prêtres) 36 » 95
3me classe: » » » (5 prêtres) 25 » 10
4me classe: » » » (4 prêtres) 10 » 60
5me classe: » » » (1 prêtre) 2 » 25

Vous avez pu juger de la colossale différence qu'il y a entre les tarifs de Cette, créés par le bon plaisir des Fabriques, et ceux de Montpellier, revêtus de l'autorisation légale. Je fus donc, par suite de cette irrégularité, obligé d'encaisser ce que je pouvais et d'éviter l'intervention du juge de paix, qui m'aurait fatalement débouté à nouveau comme il l'avait déjà fait une fois, et pour les mêmes raisons. Et ces Messieurs voudraient aujourd'hui qu'après n'avoir reçu des familles qu'une partie de ce qui m'était dû, je le partage avec eux, qui sont cause que je n'ai pas été payé complètement ? Je vous fais juges d'une pareille prétention, que rien ne justifie.

Si leurs tarifs ne sont pas réguliers et s'ils se font payer plus cher qu'ils ne le devraient, je n'y suis pour rien. Tout ce que je sais, c'est que je n'avais aucun droit pour poursuivre ceux qui ne voulaient pas me payer, reconnaissant d'ailleurs moi-même que les sommes réclamées étaient exorbitantes.

Les fabriciens de la paroisse St-Joseph ont toujours voulu me forcer à faire payer d'avance, comme si je pouvais raisonnablement exiger des familles qu'elles me donnent ce qui n'était pas dû. Aussi me suis-je toujours refusé à me faire l'interprète d'une pareille mesure.

Voilà, Monsieur le Maire et Messieurs les Conseillers municipaux les véritables causes du différend qui a surgi entre les Fabriques de Cette et moi, et si vous en doutiez, je tiens toutes les pièces à votre disposition.

Recevez, etc.

Louis GOIRAND.

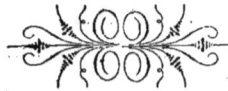

CONCLUSION

Tout ce que l'on vient de lire me semble bien suffisant pour démontrer l'urgence d'une modification de la loi de 1806, qui permet une exploitation des familles en deuil pareille à celle que je viens de dévoiler.

Le fond du système actuel, que l'on ne s'y trompe pas, est celui-ci : Ou les Fabriques exploitent elles-mêmes et exigent par conséquent le prix qui leur convient ; ou bien un fermier agissant pour elles et obligé de passer sous leurs fourches caudines ; j'en ai fait assez chèrement l'expérience pour pouvoir en parler.

Dans une éventualité comme dans l'autre, les citoyens sont sans défense, car bien peu d'entre eux songent, dans les moments douloureux qu'amène la mort, à discuter ce qu'on leur fait payer. Il n'en sera certainement pas de même lorsque les tarifs seront établis par les Conseils municipaux. Ceux-ci, élus par les populations, seront forcément tenus à la modération envers elles, et l'état de choses arbitraire auquel nous assistons ne pourra plus se renouveler. Tel est le souhait sincère que j'émets en terminant.

Louis GOIRAND.

BÉZIERS. — IMPRIMERIE J.-B. PERDRAUT

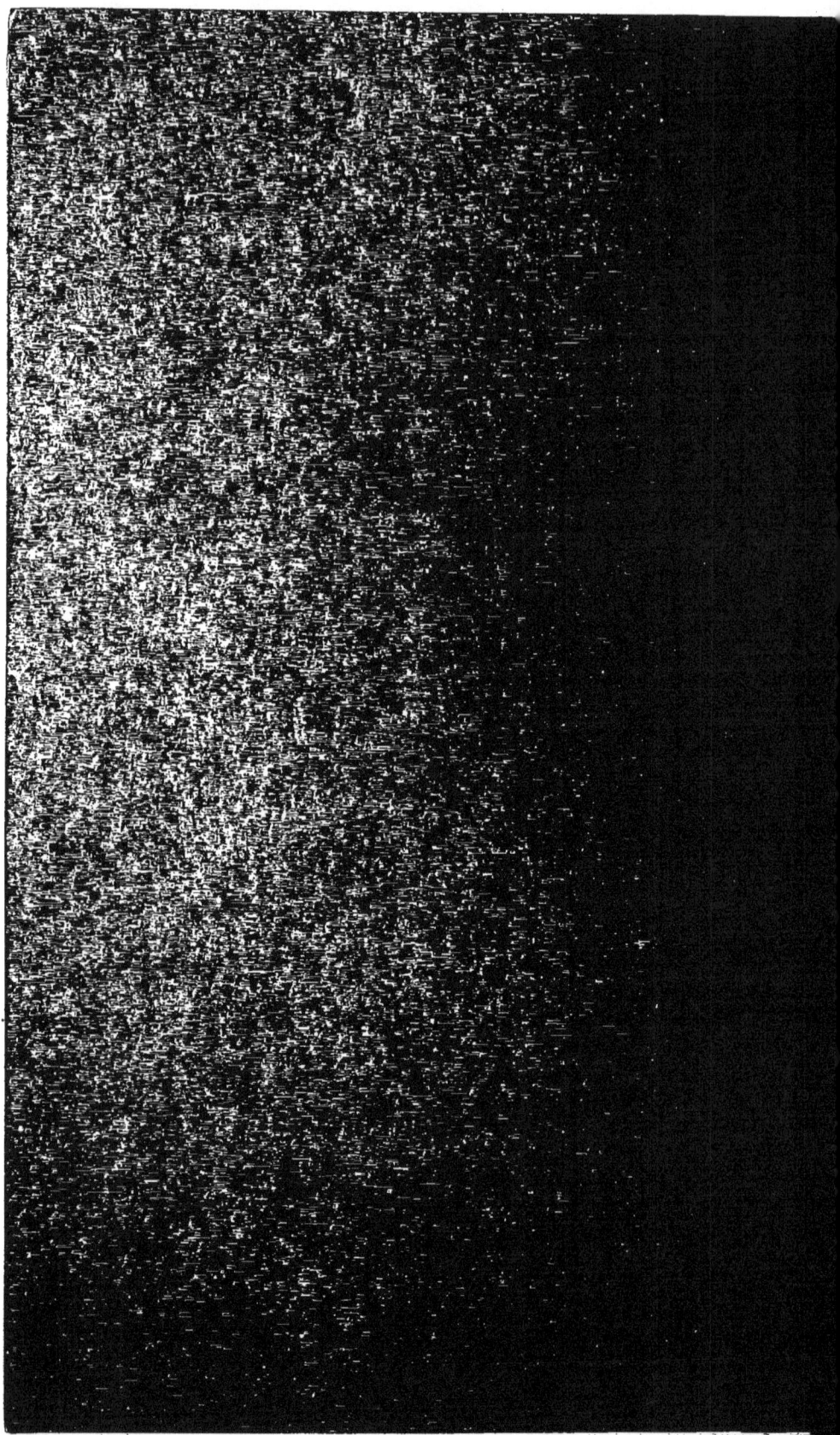

www.ingramcontent.com/pod-product-compliance
Lightning Source LLC
Chambersburg PA
CBHW060504210326
41520CB00015B/4090